Fußball mit Papa

Eine Geschichte von Ursel Scheffler
Mit Bildern von Dorothea Ackroyd

arsEdition

Einen richtigen Lederfußball hat sich Jonas schon lange gewünscht.
Und dann lag er tatsächlich auf dem Geburtstagstisch.
Mit den Unterschriften der Nationalmannschaft drauf!
Es war das allerschönste Geburtstagsgeschenk ...

Riesig stolz ist Jonas, als er am Nachmittag auf die Bolzwiese geht.
Bestimmt werden die großen Jungs ihn endlich mitspielen lassen!
Jetzt wo er einen eigenen Ball hat.
»Lass mal sehn!«, sagt Kevin großspurig. Er nimmt Jonas den Ball weg und lässt ihn vor sich auf und ab hüpfen. Dann kickt er das Leder gegen die Mauer.
»Hm! Nicht schlecht«, brummt er und lässt den Ball auf dem Zeigefinger kreisen.

Kevin grinst und ruft den anderen zu: »Los Jungs, lasst uns die Pflaume mal testen!«
Kevin kickt den Ball zu Ali. Der spielt weiter zu Philipp. Philipp gibt ab an Robin.
Schon ist ein wildes Fußballspiel im Gang.
»Ich will auch mal«, sagt Jonas, als Kevin an ihm vorbeirennt.
»Du musst um den Ball kämpfen!«, ruft Kevin und denkt nicht dran,
an Jonas abzuspielen. »Aber dazu bist du noch zu klein!«
Jonas kämpft mit den Tränen. Es ist doch sein Ball!

Toni steht im Tor. Er hält fast jeden Ball. Hinter dem Tor ist eine Mauer.
Die trennt die Fußballwiese vom Schrottplatz von Max Schrötter.
Mit Max Schrötter hat es schon oft Ärger gegeben, wenn mal ein Ball auf das Blechdach seiner Werkstatt oder auf eines der frisch lackierten Autos geflogen ist.
Jetzt köpft Kevin aufs Tor. Torwart Toni wehrt mit der Doppelfaust ab.
Dann ist Philipp am Ball. Nachschuss aufs Tor. Leider viel zu hoch!
Der Ball fliegt über die Mauer. Drüben kracht es.
Es klingt nach zersplittertem Glas.
»Verdammter Mist! Nichts wie weg, eh der Schrötter kommt!«,
ruft Ali und rennt davon.
»Das wars dann wohl!«, sagt Kevin und läuft wie ein Wiesel davon.
Jonas bleibt allein zurück.
»Mein Ball!«, denkt er. »Ich will meinen Ball wieder haben!«

Da taucht auch schon Max Schrötter mit seinem zottigen Hund Fluffy hinter der Mauer auf. Die »großen« Fußballer sind längst verschwunden. Nur der »kleine« Jonas steht noch da.
»Na warte, Bürschchen!«, knurrt Herr Schrötter.
»Diesmal hat es mein Werkstattfenster erwischt!«
»Ich wars nicht!«, sagt Jonas kleinlaut.
»Das behaupten sie alle!«, knurrt Schrötter böse.
Er deutet auf den Ball unter seinem Arm.
»Das ist doch dein Ball, oder? Den willst du doch wieder haben?«
Jonas nickt. Tränen steigen in seine Augen.
»Da muss ich erst ein Wörtchen mit deinem Papa reden.
Das wird nicht ganz billig. Komm mit!«
Fluffy bellt, als wäre er ein Höllenhund. Wenn Schrötter schimpft, dann schimpft er mit.
Jonas sieht unsicher von Schrötter zu Fluffy. Er zögert.
Was soll er jetzt bloß machen?
»Los jetzt! Komm endlich. Feige auch noch!«,
knurrt Schrötter barsch.
Jonas folgt ihm mit Herzklopfen. Was wird Papa sagen?

Als der bullige Schrotthändler sich zornig in Papas Bürotür aufbaut und zu schimpfen anfängt, kriegt Jonas einen Schreck:
Gegen den hat Papa doch im Leben keine Chance!
Jonas ist noch nie aufgefallen, wie klein sein Papa ist.

Aber dann staunt Jonas.
Sein Papa bleibt ganz ruhig.
Er lässt den Mann in aller Ruhe ausreden.
Und dann lässt er sich von Jonas erzählen, wie alles passiert ist.

»Der Junge lügt!«, ruft Schrötter empört.
»Er hat doch zugegeben, dass es sein Ball ist.
Er hat die Scheibe kaputtgeschossen!
Die müssen Sie bezahlen.«
»Moment mal!«, sagt Papa mit fester Stimme, und Jonas findet, dass sein Papa jetzt viel größer aussieht als vorher. »Mein Sohn lügt nicht.
Aber wenn Sie sich jetzt sofort bei ihm für diese Beleidigung entschuldigen, dann werde ich dafür sorgen, dass Sie Ihr Werkstattfenster ersetzt bekommen!
Wenn nicht, dann müssen Sie sich selbst das Geld von dem holen, der den Ball über den Zaun geschossen hat.
Aber wie ich meinen Sohn kenne, wird er Ihnen den Namen nicht verraten.«

Schrötter zögert. Unsicher sieht er auf den kleinen Mann, der offenbar nicht so leicht einzuschüchtern ist.
»Na gut«, sagt er schließlich mit einem Blick auf Jonas. Seine Wut ist schon etwas verraucht.
»Ich entschuldige mich!«
»Schicken Sie mir die Glaserrechnung!«, sagt Papa.
»Und jetzt geben Sie bitte meinem Sohn den Ball zurück. Er hat ihn heute erst zum Geburtstag bekommen.«
Schrötter gibt Jonas den Ball.
»Na dann: schönen Geburtstag noch«, murmelt er versöhnlich und verschwindet mit Fluffy durch die Tür.

»Das war cool, Papa, wie du mit ihm geredet hast«, schnieft Jonas und wischt sich mit dem Ärmel die Augen. Blöde Tränen!
Wo doch jeder weiß, dass ein echter Fußballer nicht heult.
»Das war wohl noch nicht alles?«, fragt Papa nach.
Jonas schluckt und nickt: »Es ist so gemein. Die großen Jungs lassen mich nicht mitspielen, Papa! Auch jetzt nicht. Obwohl ich den tollen Ball hab.
Sie sagen, ich bin zu klein!«

»Auf die Körpergröße kommt es nicht an, Jonas. Jedenfalls nicht allein«, sagt Papa.
»Beim Fußballspiel zählen auch Köpfchen und Geschicklichkeit. Ich war mal Libero in unserer Schulmannschaft und hab viele Tore geschossen.« Er schmunzelt.
»Ich war zwar klein, aber blitzschnell und hab die Großen oft umspielt und ausgetrickst!«
Jonas sieht seinen Papa ein wenig zweifelnd an.
»Das glaubst du nicht? Dann wollen wir einfach ein bisschen trainieren, bis Mama heimkommt!«, sagt Papa und legt den Arm um Jonas' Schulter.
»Komm mit!«
Und dann radeln die beiden zum Sportplatz am Wald.

Papa hat nicht übertrieben. Er ist ein wahrer Ballkünstler und bringt Jonas spielerisch den richtigen Umgang mit dem runden Leder bei.
Sie dribbeln und kicken und täuschen. Sie spielen sich Pässe zu.

Am Ende üben sie an der Torwand. Papa trifft fast jedes Mal. Jonas trifft nur ab und zu das Loch links unten. Papa lobt ihn und ruft: »Ja! Recht so! – Nur Mut, Jonas! – Das war gar nicht schlecht, Junge. – Du hast ein gutes Ballgefühl. Darauf kommt es an! – Das nächste Mal wird es noch besser!«

»Das war mein schönster Geburtstag!«, sagt Jonas, als sie schließlich wieder nach Hause radeln.

Mama wartet schon mit dem Abendessen. Sie hat frische Brezeln mitgebracht.
»Wo wart ihr denn so lange?«, fragt sie verwundert.
»Auf dem Sportplatz!«, sagt Jonas.
»Beim Fußballtraining!«
Und dann erzählt Jonas seiner Mama die ganze aufregende Geschichte. Und auch, dass sie jetzt ganz oft trainieren wollen.

Eines Abends kommt Papa später nach Hause, weil er sich mit alten Schulfreunden im Sportverein getroffen hat.
»Ich hab eine Überraschung für dich«, sagt er zu Jonas und lacht vergnügt.
»Mein Schulfreund Boris ist Trainer im Waldsportverein. Er hat gesagt, sie suchen nach einem schussstarken Stürmer für die Mannschaft der F-Jugend. Ich hab dich vorgeschlagen!«
»Ehrlich?«, fragt Jonas. Seine Augen leuchten, als seien die Sonne und der Mond gleichzeitig aufgegangen.

Papa nickt und sagt:
»Morgen ist Sportfest im Verein. Da sollten wir hingehen und uns mal umsehen!«
In dieser Nacht kann Jonas vor Aufregung kaum schlafen.

Auf dem Sportfest werden Jonas und sein Papa im Gewühl fast zerdrückt.
Am schlimmsten ist es, als Alex, der Stürmer der Senioren-Mannschaft, die anderen zum Torwandschießen herausfordert.
Er trifft mit acht von zehn Bällen das Loch. Na gut, immerhin ist er mit seiner Mannschaft Stadtmeister geworden. Und er hat als Schüler mit Ballack in der Mannschaft gespielt.
Jetzt wollen die anderen auch zeigen, wie gut sie sind.
Die Warteschlange ist lang.
»Wollen wir auch?«, fragt Papa. Jonas nickt. »Na klar!«
Sie stellen sich in die Warteschlange.

Endlich ist Jonas an der Reihe. Nervös ist er schon, als er sich den Ball zurechtlegt. Zweimal geht der Ball in die linke obere Ecke daneben. Doch dann trifft er sechsmal hintereinander.

Auf einmal entdeckt er Kevin und Philipp in der Menge und will es besonders gut machen. Aber der Schuss geht daneben.

»Der Letzte sitzt«, flüstert ihm Papa ermutigend ins Ohr. Mit sieben Treffern beendet Jonas schließlich das Wettschießen.

Jetzt ist Papa an der Reihe.
»Jetzt schießen die Gruftis«, sagt Kevin zu Philipp und grinst spöttisch.
Aber das Grinsen vergeht ihm schnell, als Jonas' Papa zielsicher einen Ball nach dem anderen einlocht. Zehn Treffer! Das ist der einsame Rekord!
»Dein Bild kommt auf die Titelseite der Vereinszeitung!«, sagt eine stolze Stimme hinter ihnen. Es ist Papas Schulfreund Boris.
»Du hast immer noch den eingebauten Torschuss im Schuh!«
»Na ja«, sagt Papa ein bisschen verlegen. »Ich hatte in den letzten Wochen einen guten Trainingspartner.« Er zeigt auf Jonas.

Dann wird das Ergebnis des Wettbewerbs verkündet:
Jonas ist der Beste in seiner Altersgruppe. Er hat sogar zwei Treffer mehr als Ali und Kevin, die schon in der Mannschaft spielen, und gewinnt ein Paar Torwarthandschuhe.
Aber das Beste ist, dass Trainer Boris ihm auf die Schulter klopft und sagt:
»Du kannst morgen bei uns in der Mannschaft anfangen, Jonas!«
Da bekommt Jonas einen knallroten Kopf vor Freude.

»Darf ich kurz Mama anrufen?«, flüstert Jonas seinem Papa zu.
»Na klar!«, sagt Papa und gibt Jonas sein Handy.
Jonas geht hinter das Vereinsheim, wo es ein bisschen ruhiger ist, und berichtet Mama, was alles passiert ist.
Plötzlich steht Papa hinter ihm, greift nach dem Hörer und sagt mit tiefer Stimme:
»Ist dort der Taxi-Service Cityblitz? Ich möchte ein Taxi zum Sportplatz bestellen.
Wir müssen dringend zur Pizzeria am Stadtpark fahren und ein bisschen feiern!«
»Einverstanden!«, ruft Mama und lacht. »In zehn Minuten bin ich da!«

Alles, was du über Fußball wissen willst

Das A und O beim Fußball: Ball, Spielfeld, Mannschaft, Schiri, Ausrüstung

Der Ball

Für den Wettkampf wurde genau festgelegt, wie groß und wie schwer der Ball sein muss: Er sollte einen Umfang von höchstens 70 Zentimeter haben und er darf nicht mehr als 450 Gramm wiegen. Somit ist er leichter als ein Paket Nudeln mit Fertigsoße. Der Fußball hat übrigens viele lustige Namen. Man nennt ihn zum Beispiel »Ei«, »Pille« oder auch »Leder«.

Das Spielfeld

Das Spielfeld darf höchstens 120 Meter lang und 90 Meter breit sein. Die Mittellinie teilt das Feld in zwei Spielhälften. Die Bambinis oder Minikicker (bis 6 Jahre) spielen aber nur in einer Hälfte.

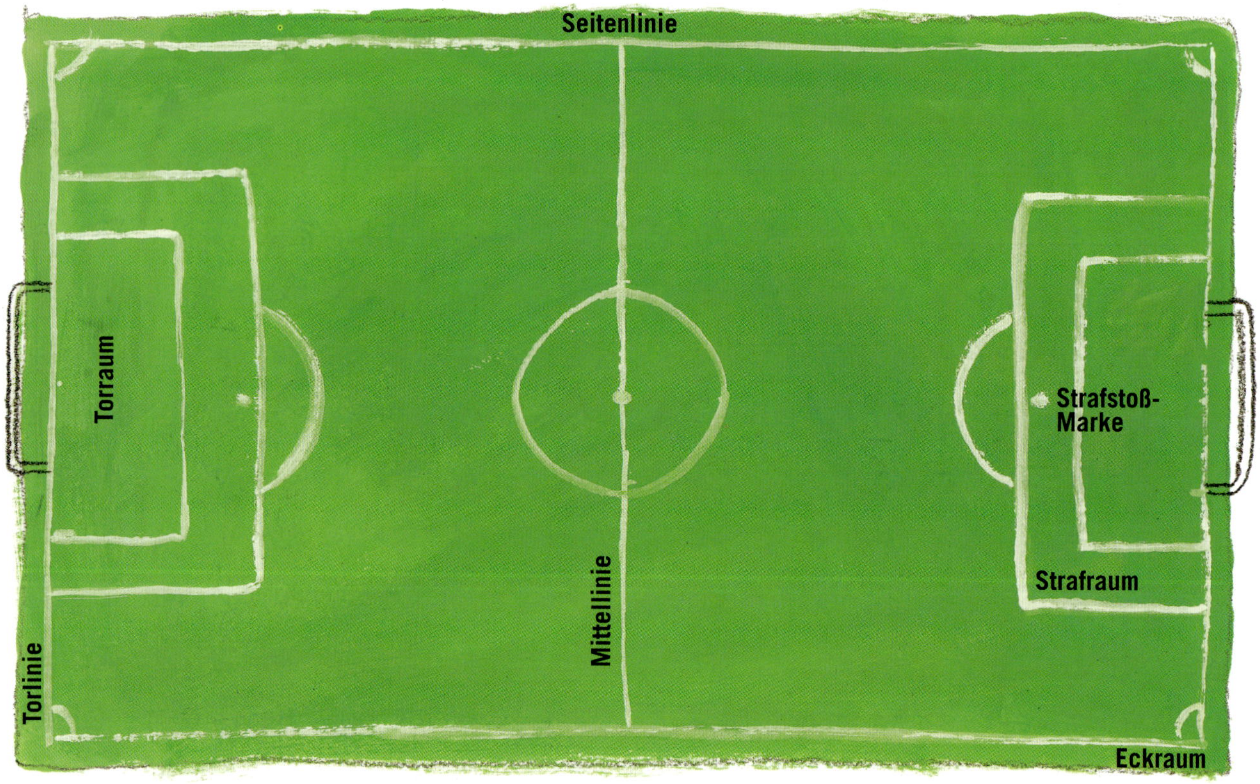

Die Mannschaft

Eine Mannschaft besteht normalerweise aus 10 Spielern und dem Torwart. Jede »11« darf in einem offiziellen Wettbewerb bis zu drei Spieler auswechseln. Ein Spieler, der ausgewechselt wurde, darf später nicht wieder am Spiel teilnehmen.

Der Schiedsrichter

Kein Spiel läuft ohne einen unparteiischen Schiedsrichter. Er leitet das Spiel und passt auf, dass alle Regeln eingehalten werden. Das ist eine schwierige Aufgabe, denn der Schiri muss seine Augen überall haben und alleine über alle Spielvorgänge entscheiden. An der Entscheidung des Schiedsrichters lässt sich nicht rütteln, sein Wort ist endgültig.

Trikot, Fußballschuhe, Stutzen & Co.
Zum Fußballspielen ziehst du am besten ein lang- oder kurzärmliges Trikot an, eine kurze Sporthose und Stutzen. Bei einem Turnier müssen alle Spieler unter den Stutzen Schienbeinschoner tragen, auch der Torwart. Die Schienbeinschoner schützen die Fußballer vor Verletzungen. Ganz wichtig sind natürlich auch die Fußballschuhe, denn das Spielen im Wettkampf ohne Schuhe ist nicht erlaubt. Aber wenn ein Spieler gerade in dem Moment seinen Schuh verliert, in dem er ein Tor schießt, wird das Tor trotzdem anerkannt. Wusstest du das? Unter den Sohlen der Fußballschuhe sind Stollen angebracht, die den Spielern besseren Halt geben. Zur Ausrüstung des Torwarts gehören außerdem Torwarthandschuhe, damit er den Ball besser fangen kann und damit er sich nicht an den Händen verletzt.

Kleines ABC der Fußballregeln

Abseits
Abseits liegt vor,
a) wenn sich ein Spieler in dem Moment, in dem er den Ball zugespielt bekommt, näher am gegnerischen Tor befindet als der Ball und wenn außerdem
b) zu diesem Zeitpunkt nicht mindestens zwei Gegenspieler (der Torwart eingeschlossen) näher an ihrer eigenen Torlinie stehen.

Abseitsfalle
Bei der Abseitsfalle laufen alle Spieler der verteidigenden Mannschaft kurz vor dem Abspielen des Balles nach vorne, sodass die gegnerischen Angreifer im Abseits stehen. Das ist ein sehr wirkungsvolles Mittel zur Verteidigung, aber auch sehr riskant.

Abstoß
Wenn ein Gegner den Ball über euer Tor oder an eurem Tor vorbei aus dem Spielfeld schießt, wird das Spiel mit einem Abstoß fortgesetzt. Der Torwart oder auch ein anderer Spieler legt sich den Ball dazu auf der Torraumlinie zurecht und schießt ihn möglichst in die Nähe eines Mannschaftskollegen zurück ins Feld.

Anpfiff
Bevor das Spiel beginnt, wirft der Schiedsrichter eine Münze und entscheidet so, wer Anstoß hat oder wer in welcher Spielfeldhälfte spielt.

Anstoß
Jedes Spiel beginnt mit einem Anstoß. Auch nach der Halbzeit oder nachdem ein Tor gefallen ist, geht es mit einem Anstoß auf dem Mittelpunkt des Spielfeldes weiter.
Beim Anstoß müssen alle Spieler in ihrer Spielfeldhälfte stehen und kein Gegner darf den Mittelkreis betreten.

Eckstoß oder Eckball
Wenn du oder ein Mannschaftskollege den Ball über euer Tor oder an eurem Tor vorbei ins Aus schießt, bekommt die Gegenmannschaft »Eckball«. Das heißt, der Spieler legt sich den Ball im Eckraum zurecht und schießt ihn zurück ins Feld. Ecke ist immer eine brenzlige Spielsituation, da ein Eckball direkt in ein Tor verwandelt werden kann.

Einwurf
Wenn die gegnerische Mannschaft den Ball über die Seitenlinie spielt, erhält deine Mannschaft Einwurf. Das heißt, ein Spieler aus deinem Team muss den Ball mit beiden Händen von hinten über seinen Kopf zurück ins Spielfeld werfen. Dabei steht er entweder mit beiden Füßen auf der Seitenlinie oder direkt dahinter. Und zwar genau an der Stelle, an der der Ball aus dem Spielfeld gerollt ist.

Freistoß
Wenn ein Spieler gegen die Spielregeln verstößt, unterbricht der Schiedsrichter das Spiel und die Gegenmannschaft erhält einen »Freistoß«. Man unterscheidet zwischen dem direkten und dem indirekten Freistoß: Mit einem indirekten Freistoß wird eine Mannschaft für weniger schwere Vergehen bestraft, zum Beispiel wenn der Torwart gerempelt wurde. Indirekt heißt, dass der Ball nicht vom Schützen direkt auf das Tor geschossen werden kann, sondern dass zunächst noch ein anderer Spieler den Ball berühren muss.
Direkter Freistoß bedeutet, dass der Schütze direkt aufs Tor spielen darf. Einen direkten Freistoß gibts für schwere Vergehen, zum Beispiel wenn ein Spieler seinem Gegner absichtlich ein Bein gestellt hat.

Gelbe und rote Karte
Verstößt ein Spieler gegen die Regeln und verhält sich unfair, wird er vom Schiri verwarnt und bekommt die gelbe Karte. Verstößt derselbe Spieler im selben Spiel noch einmal gegen die Regeln, bekommt er die gelb/rote Karte. Man nennt die gelb/rote Karte auch Ampelkarte. Dann muss er das Spielfeld verlassen und wird außerdem automatisch für das nächste Spiel gesperrt.
Bekommt ein Spieler die rote Karte, muss er auch sofort den Platz verlassen. Zusätzlich muss er sich aber noch dem DFB-Sportgericht stellen. Dort wird entschieden, wie lange der Spieler nicht mehr mitspielen darf.

Spielzeit
Ein Spiel besteht aus zwei Halbzeiten. Normalerweise dauert eine Halbzeit 45 Minuten. Zwischen den Halbzeiten gibt es eine kleine Pause, damit sich die Spieler kurz ausruhen können. Wenn während des Spiels Zeit verloren gegangen ist, weil sich jemand verletzt hat oder weil Spieler ausgewechselt wurden, kann der Schiedsrichter über eine Nachspielzeit entscheiden und das Spiel verlängern.

Strafstoß
Der Strafstoß ist besser bekannt als »Elfmeter«. »Elfmeter« gibts, wenn ein angreifender Spieler im Strafraum der Gegner gefoult wird. Dann wird der Ball auf den Elfmeterpunkt gelegt und ein Spieler versucht, ihn ins Tor zu bringen. Alle anderen Spieler müssen solange außerhalb des Strafraums bleiben.

Tricks und Kniffe

Anschneiden
Wenn du den Ball nicht genau in der Mitte triffst, gibst du ihm einen Drall, das heißt, er dreht sich um sich selbst und fliegt nicht mehr gerade, sondern beschreibt einen Bogen. Die richtigen Profis schneiden Freistöße an und drehen ihn so geschickt um die Abwehrmauer herum.

Dribbeln
Das Dribbeln ist eine wichtige Technik, um deine Gegner zu umspielen. Dribbeln bedeutet, mit dem Ball am Fuß laufen. Dabei musst du den Ball mit kurzen, schnellen Stößen nah vor dir hertreiben. Das erfordert viel Geschick und ein sehr gutes Ballgefühl.

Fallrückzieher
Beim Fallrückzieher steht der Spieler mit dem Rücken zum Tor. Er macht quasi einen Salto rückwärts und trifft den Ball, wenn er genau über seinem Kopf ist. Der Fallrückzieher gehört zu den schwierigsten Techniken beim Fußball und ist bestimmt die akrobatischste Möglichkeit, ein Tor zu erzielen.

Hackentrick

Mit dem Hackentrick kannst du deine Gegner geschickt austricksen, indem du den Ball mit dem Absatz deines Fußballschuhes auf einmal an einen Mitspieler hinter dir abgibst, anstatt nach vorne zu passen. Der Hackentrick ist ein besonders schwieriger Trick, denn du musst ganz genau wissen, wer hinter dir steht.

Kopfball

Wenn ein hoher Ball angeflogen kommt, kannst du ihn auch mit dem Kopf annehmen und weiterspielen. Dazu musst du im richtigen Moment hochspringen, damit du den Ball mit deiner Stirn triffst. Dann tuts nicht so weh, denn die Stirn ist der härteste und unverletzbarste Teil deines Kopfes.

Tunneln

Wenn du deinem Gegner mit einem gezielten Schuss den Ball durch die Beine hindurchspielst wie durch einen Tunnel, nennt man das tunneln. Wird ein Spieler getunnelt, ist das recht peinlich für ihn und er muss einigen Spott ertragen, zeigt es doch, wie unaufmerksam er war.

Früh übt sich

Je früher du zu trainieren beginnst, desto besser. Fußball spielen kannst du natürlich jederzeit auf dem Bolzplatz mit deinen Freunden. Es gibt aber in den Fußballvereinen auch schon Mannschaften für Kinder ab 4 Jahren. Sie heißen Bambinis oder Minikicker. Am besten erkundigt ihr euch mal bei einem Fußballverein in eurer Nähe. Adressen von Vereinen bekommt ihr ansonsten auch über die Fußball-Landesverbände. Natürlich können auch Mädchen Fußball im Verein spielen. Bei den Bambinis oder Minikickern spielen Jungs und Mädels meistens zusammen.

Ältere Kinder werden in folgende Gruppen eingeteilt:

F-Jugend: 6 bis 8 Jahre
E-Jugend: 8 bis 10 Jahre
D-Jugend: 10 bis 12 Jahre
C-Jugend: 12 bis 14 Jahre
B-Jugend: 14 bis 16 Jahre
A-Jugend: 16 bis 18 Jahre

Wichtige Internetadressen

Weitere wichtige Informationen rund ums Thema Fußball bekommt ihr auch im Internet, zum Beispiel unter:

- *www.dfb.de* Das ist die Homepage des Deutschen Fußballbundes. Sie enthält ausführliche Infos für alle Fußballfans.
- *www.bfv.de* Die Internetseite des Bayerischen Fußballverbandes informiert über alles Wissenswerte rund um den Fußball.
- *www.fifa.com* Das ist die Homepage der Fédération Internationale de Football Association. Hier gibts alles zum Thema Weltmeisterschaft im Jahr 2006.
- *www.bundesliga.de* Auf der Homepage der Bundesliga findet ihr alle Ergebnisse der aktuellen Spiele.
- *www.fd21.de* Ein Fachportal für Kinder, Eltern und Trainer mit vielen Infos zur schönsten Nebensache der Welt. Eingerichtet von Fußballstars und Sportwissenschaftlern zur Förderung der Fußballjugend.

Fußballquiz

1. Was ist ein Eckball?

a) Ein eckiger Ball
b) Ein Spieler schießt den Ball aus dem Eckraum zurück ins Feld.
c) Ein Ball, der über die Eckfahne ins Aus rollt.

2. Was ist ein Fallrückzieher?

a) Die Spieler lassen sich müde aufs Spielfeld fallen und geben auf.
b) Ein Spieler macht quasi einen Salto und schießt rückwärts aufs Tor.
c) Ein Verein beschwert sich über den Schiedsrichter und zieht dann den Fall zurück.

3. Wie lang ist eine Halbzeit?

a) 45 Minuten
b) 90 Minuten
c) Eine halbe Stunde

4. Was sind Hooligans?

a) Händler, die beim Spiel Getränke verkaufen.
b) Jungen, die den Ball holen, wenn er aus dem Spielfeld fliegt.
c) Unsportliche Leute, die durch Krawall das Spiel stören.

5. Was ist eine Bananenflanke?

a) Wenn die Fans Bananentaschen um die Hüften tragen
b) Der Ball wird so angespielt, dass er nicht geradewegs aufs Tor fliegt, sondern in einer Kurve – wie ein Bumerang – die Abwehr umfliegt.
c) Ein nackter Bauch mit Bananen-Tattoo

6. Welche deutsche Mannschaft gewann 2003 die Fußballweltmeisterschaft?

a) Die Herrenmannschaft
b) Die Jugendmannschaft
c) Die Damenmannschaft

7. Wie heißt das Maskottchen der Fußball-WM 2006?

a) Löwenzahn
b) Leonie
c) Goleo

8. Wie lautet der lustige Spitzname für den Fußball (auch bei der WM)?

a) Knolle
b) Pille
c) Globus

9. Was rufen die Engländer, wenn ein Tor fällt?

a) Door
b) Gate
c) Goal

10. Was sind Cheerleader?

a) Mädchentanzgruppen, die bunte Wedel schwenken und so vor dem Spiel ihre Mannschaft anfeuern.
b) Fußballlieder
c) Lustige Popsongs

11. Was ist ein Platzverweis?

a) Ein Platzanweiser zeigt einem, wo man sitzt.
b) Ein Spieler wird wegen Regelverstoß vom Feld geschickt.
c) Eine Anzeigetafel mit den Sitzplatznummern

12. Was ist der Strafraum?

a) Eine Zelle, in der Spieler nachsitzen müssen, die zu spät zum Training kommen.
b) Scherzhafter Name für den Fitness-Raum
c) Die durch eine weiße Linie abgegrenzte Fläche vor dem Tor

13. Wann pfeift der Schiedsrichter ein Foul?

a) Wenn einer der Spieler zu faul zum Rennen ist
b) Wenn der Torwart sich keine Mühe gibt
c) Wenn ein Spieler den Gegner regelwidrig angreift

14. Wann pfeift der Schiedsrichter einen Elfmeter?

a) Nach einem Foul oder Handspiel im Strafraum
b) Wenn der Ball genau elf Meter vom Tor entfernt ist
c) Wenn der Torwart darum bittet

15. In welcher Entfernung vom Elfmeterpunkt müssen alle Spieler (außer dem Schützen und dem Torwart) stehen, wenn der Elfmeter-Strafstoß ausgeführt wird?

a) Neun Meter fünfzehn
b) Elf Meter
c) Dreizehn Meter

16. Was ist in der Fußballsprache eine Schwalbe?

a) Ein Papiervogel, der über das Spielfeld fliegt.
b) Ein vorgetäuschtes Foul im Strafraum, bei dem sich ein Spieler absichtlich in den Strafraum »fliegen« lässt, weil er hofft, dass der Schiedsrichter dann einen Elfmeter pfeift.
c) Ein Zuschauer, der unerlaubt unbekleidet über das Spielfeld rennt.

Antworten: 1b), 2b), 3a), 4c), 5b), 6c), 7c), 8b), 9c), 10a), 11b), 12c), 13c), 14a), 15a), 16b)

Bibliografische Information der Deutschen Bibliothek

Die Deutsche Bibliothek verzeichnet diese Publikation
in der Deutschen Nationalbibliografie;
detaillierte bibliografische Daten sind im Internet
über http://dnb.ddb.de abrufbar.

ISBN-13: 978-3-7607-1485-1
ISBN-10: 3-7607-1485-4

www.arsedition.de